Hallo!

Bist du schon aufgeregt, weil du bald ein Schulkind sein wirst? Bestimmt werden dir dann die Aufgaben in diesem Heft tierisch viel Spaß machen!

Alle Tiere in diesem Buch freuen sich auch auf das Lernen in der Schule und üben bereits, Buchstaben und Zahlen zu lesen und zu schreiben und Knobelaufgaben zu lösen. Mach doch einfach mit!

Die Symbole auf jeder Seite zeigen dir, was zu tun ist. Außerdem ist immer auch ein Beispiel dabei, damit du ganz sicher weißt, was du machen sollst. Wenn du magst, kannst du zusätzlich auch die Zeichnungen anmalen.

Auf den Kreativseiten zeigen dir die Tiere, wie du auch ohne das Buch für die Schule üben kannst. Probier es doch mal aus!

Diese Symbole findest du im Buch:

Bei diesen Aufgaben geht es darum, all das zu machen, was man mit einem Stift tun kann: einkreisen, ankreuzen, malen, nachspuren, ... Ein Beispiel zeigt dir ganz genau, was zu tun ist.

Hier geht es ums Sprechen. Bei einigen Aufgaben musst du dir die Wörter vorsprechen lassen oder selbst ganz deutlich aussprechen. Bei anderen Aufgaben kannst du zum Bild erzählen.

Kannst du lesen, was hier steht?

Wie viele Dinge sind hier zu sehen? Zähle alles ganz genau.

Ganz schön kniffelig! Bei diesen Aufgaben musst du gut überlegen, um die richtige Lösung zu finden.

Bei diesen Übungen musst du ganz genau hinschauen, um die Aufgabe zu lösen.

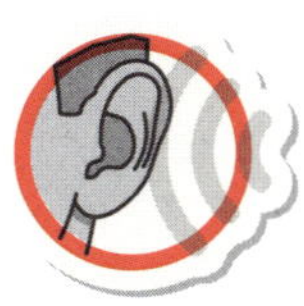

Ohren gespitzt! Achte genau darauf, was du hörst.

Und jetzt viel Spaß mit deinem Schulstart-Buch!

BUCHSTABEN FINDEN

Kreise die Schilder ein, auf denen du Buchstaben siehst.
Erzähle, wo du diese Bilder schon einmal gesehen hast.

Male alle Felder mit **M** an.

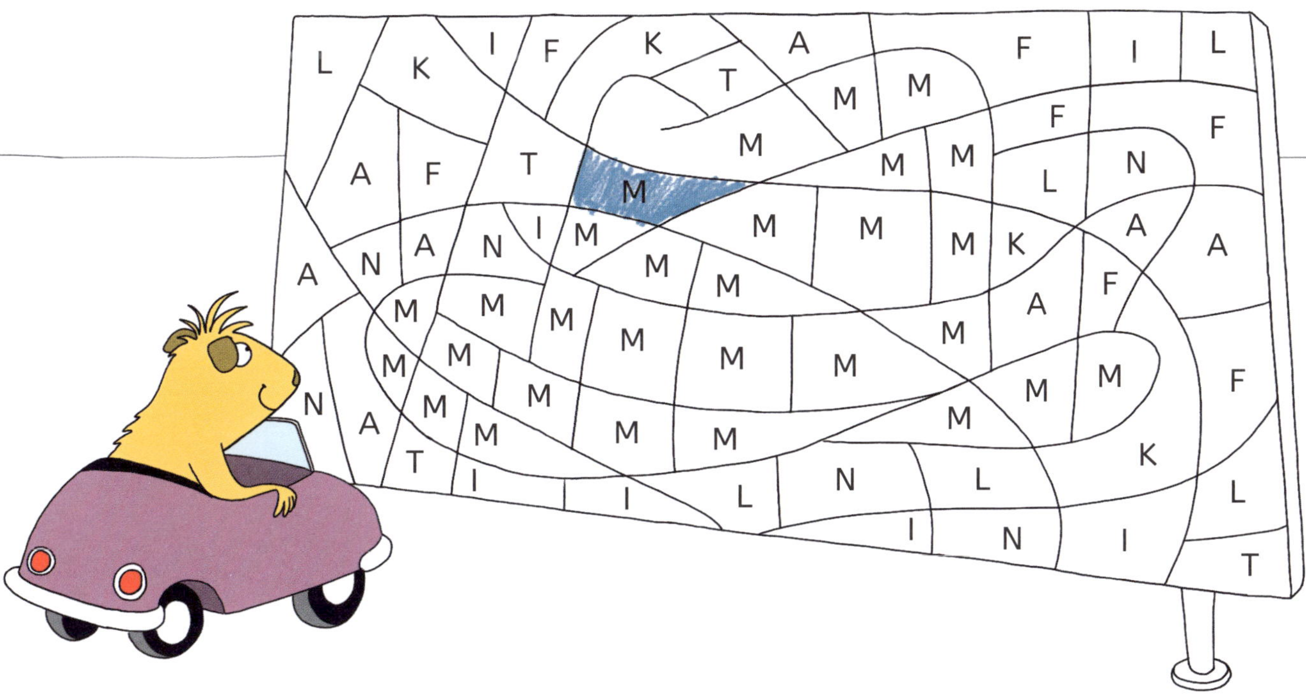

Verstecken die Meerschweinchen ein **M** oder nicht?
Kreuze das richtige Zeichen an.

BUCHSTABEN FINDEN

Welche Eier zeigen den gleichen Buchstaben? Verbinde.

Immer **3**. Male die Eier mit den gleichen Buchstaben gleich an.

Erkennst du die Buchstaben? Male sie an.

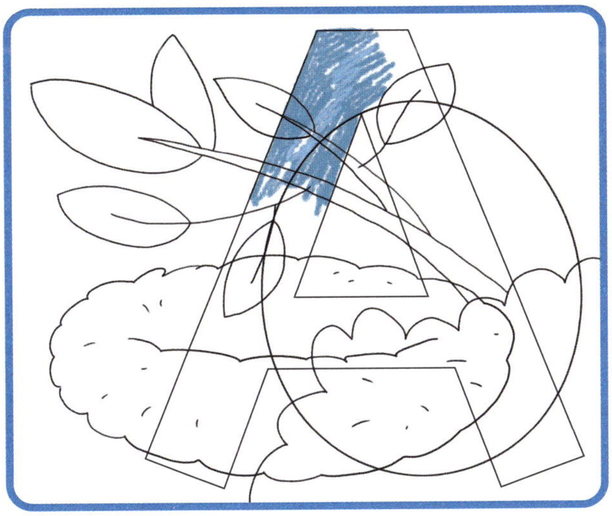

BUCHSTABEN FINDEN

Wie oft siehst du die Buchstaben?
Zähle mit der Strichliste.

A |||| E I O U

Streiche den Buchstaben durch, der nicht in die Reihe passt.

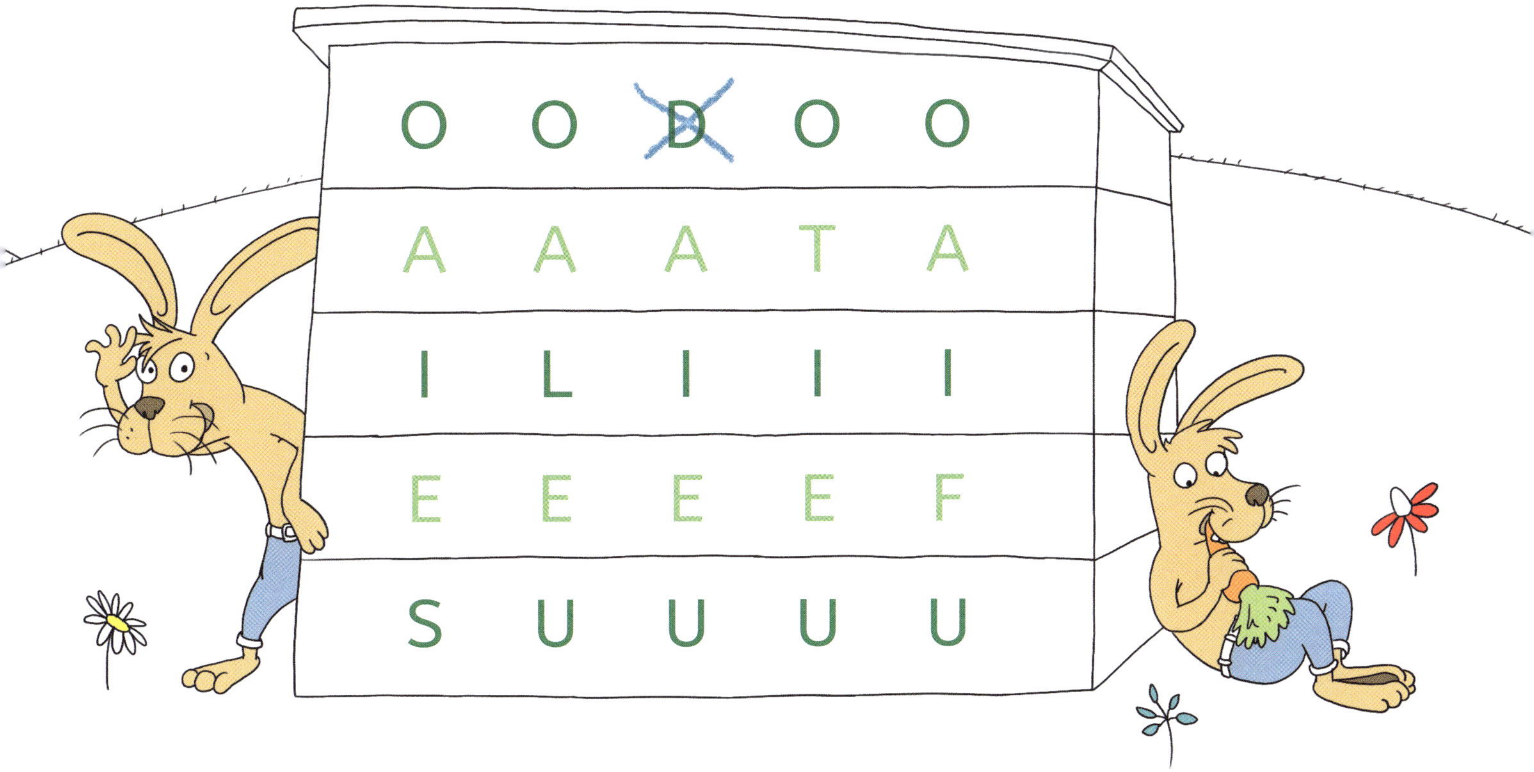

Kreise die beiden Buchstaben ein, die in einer Reihe doppelt vorkommen.

BUCHSTABEN HÖREN

Welche Wörter klingen am Anfang gleich?
Sprich die Wörter und verfolge die Spuren.

Sprich die Wörter laut.
Verbinde die zwei Bilder, die am Anfang gleich klingen.

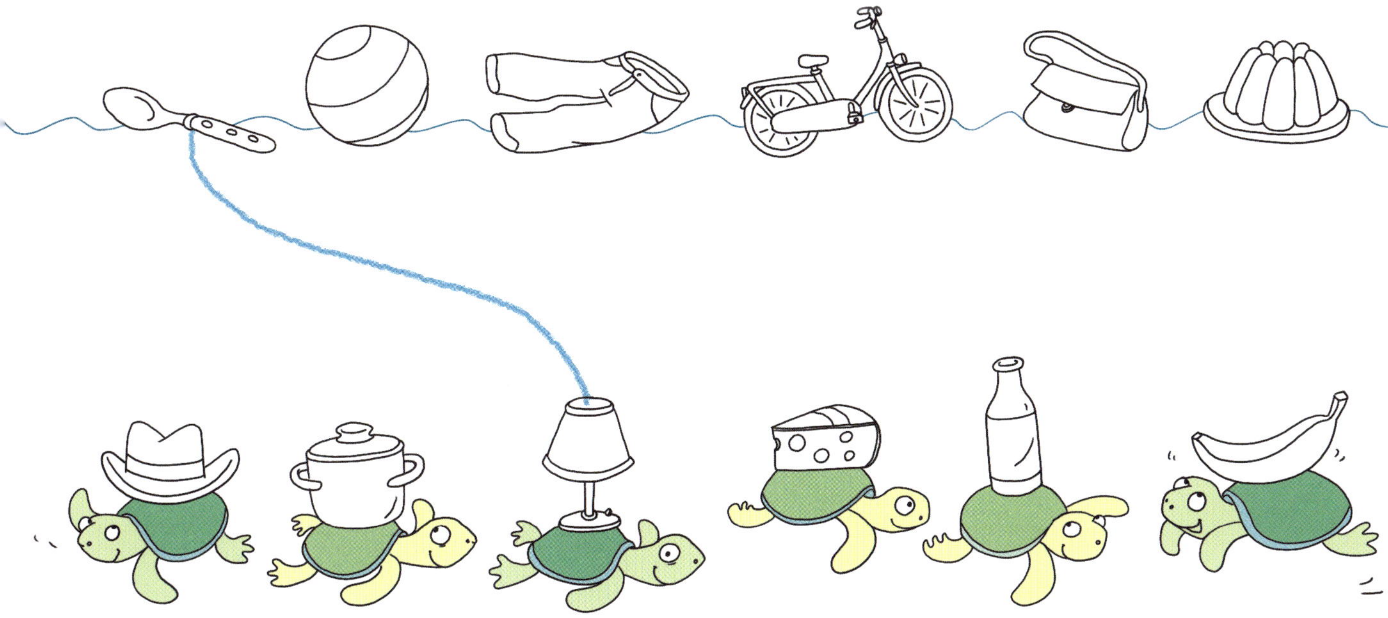

Sprich die Wörter in einer Reihe laut.
Welches Wort klingt am Anfang anders? Streiche es durch.

BUCHSTABEN HÖREN

Male die Muscheln an, wenn du am Anfang des Wortes ein M hörst.

Male die Felder aus, wenn du am Anfang ein L hörst.

Hörst du in dem Wort am Anfang ein L oder ein M ?
Schreibe den richtigen Buchstaben.

BUCHSTABEN HÖREN

Verbinde die Bilder mit dem **S**,
wenn du am Anfang des Wortes ein S hörst.

Sprich alle Wörter in einer Reihe laut.
Welches Wort klingt am Anfang anders? Streiche es durch.

Sprich die Wörter laut.
Verbinde die zwei Bilder, die am Anfang gleich klingen.

Kreise die Bilder ein, wenn du ein T am Anfang hörst.

BUCHSTABEN LESEN

Was fressen Ponys?
Male die Buchstaben an, die zum Futterwort gehören.

B T R K E H A L I F

B G O D R A H S P

E D Ä P Ö B Ü F L T

L N U H K O K T A M R T E

Sprich alle Wörter laut und höre auf das **P** am Anfang.
Streiche die Bilder durch, die nicht mit **P** beginnen.

Erkennst du die Buchstaben? Verbinde.

P O N Y S

BUCHSTABEN LESEN

Sprich die Wörter, lies die Buchstaben.
Verbinde die passenden Strohballen.

Lies die Buchstaben.
Kreise das Bild ein, das mit dem angezeigten Buchstaben beginnt.

Sprich die Namen der Tiere laut aus.
Kreise den Buchstaben ein, mit dem alle Tiernamen beginnen.

BUCHSTABEN SCHREIBEN

Spure das **U** nach.

HUSTET DER UHU?

SUCHT DER HUND DAS UFO IM TURM?

Schreibe das fehlende **U**.

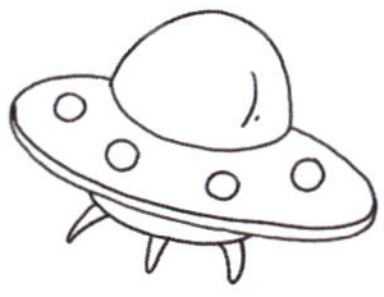 UFO

 T☐RM

 BL☐ME

 L☐PE

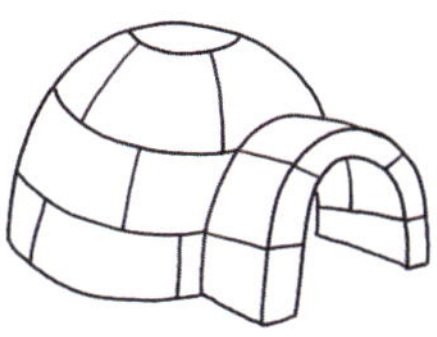 IGL☐

 P☐PPE

Schreibe.

UHU UHU UHU

UFO UFO UFO

LUPE IGLU TURM

BUCHSTABEN SCHREIBEN

Spure das **B** nach und lies die Wörter.

B 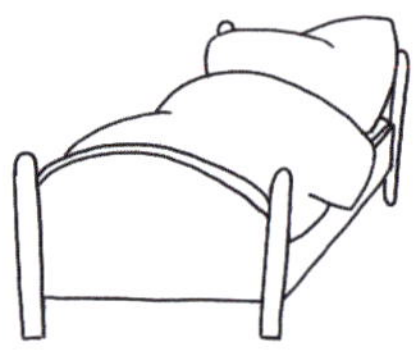

B 

B 

B 

B 

B 

KREATIV SEITE

Das Lesen und Schreiben von Buchstaben lässt sich prima und fast überall spielerisch üben. Geben Sie Ihrem Kind ein paar Anregungen, auf die ein oder andere Art mit „seinen“ Buchstaben zu spielen.

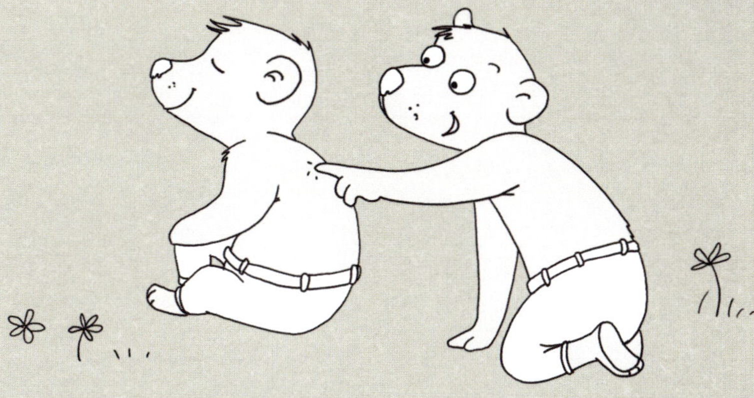

BUCHSTABEN SCHREIBEN

Spure die Buchstaben nach.

WOLF

WOLF

WOLF

WOLF

Schreibe alle Buchstaben nach.

W O W O W O W O

L F L F L F L F L F L F

W O L F   W O L F

Schreibe das fehlende **W**.

 W O L K E

 □ A L

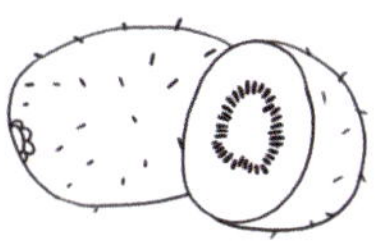 K I □ I

 L Ö □ E

 □ O L F

 □ Ü R F E L

ERSTES LESEN

Erkennst du die Wörter?
Verbinde die Buchstabengruppen mit den Wörtern.

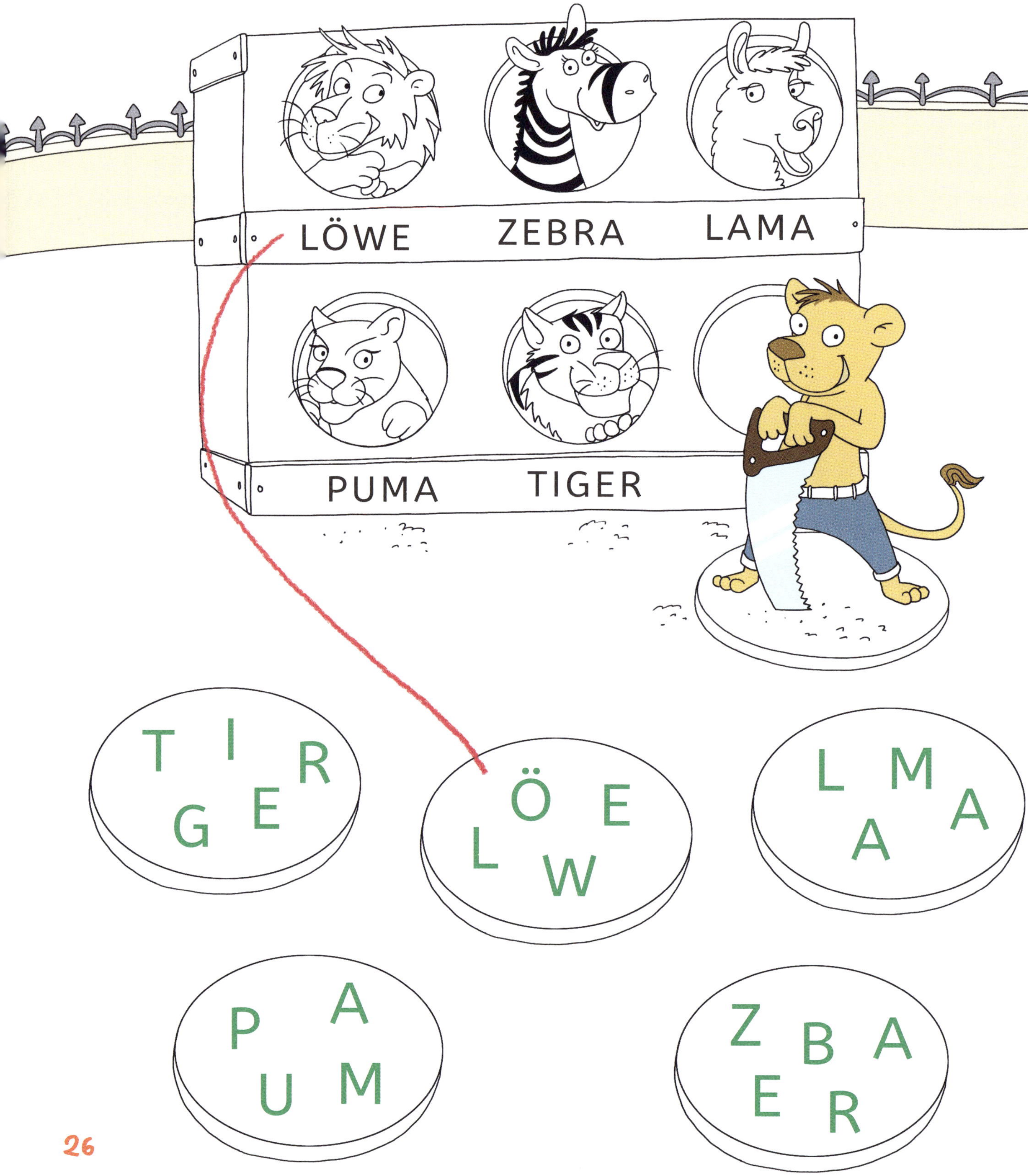

Schau genau und schreibe die fehlenden Buchstaben.

L Ö W E
L Ö W E
L □ W E
L Ö □ E
L Ö W □

K O A L A
□ O A L A
K □ A L A
K O A □ A
K O A L □

T I G E R
T □ G E R
T I G □ R
□ I G E R
T I G E □

P A N D A
P □ N D A
P A N □ A
□ A N D A
P A □ D A

ERSTES LESEN

Verfolge den Weg der Antilopen.
Erzähle, wen sie auf dem Weg treffen. Spure die Buchstaben nach.

IGEL
AFFE
HUND
GIRAFFE
BLUME

ERSTES LESEN

Verfolge die Linien und schreibe die Buchstaben.
Kannst du die Wörter lesen?

KREATIV SEITE

Wenn ihr Kind in die Schule kommt,
sollte es die Buchstaben seines Namens kennen.
Gehen sie gemeinsam in Zeitungen usw.
auf Entdeckungstour – so entstehen
tolle Buchstabenplakate.

Wie kommt der Hamster zu seinem Freund?
Zeichne den Weg ein.

Erkennst du die Hamster? Male sie aus.
Spure auch die Namen nach.

NACHSPUREN

Spure die Flugbahnen der Wellensittiche nach.

Erkennst du, was die Wellensittiche aufpicken?
Ergänze die Formen.

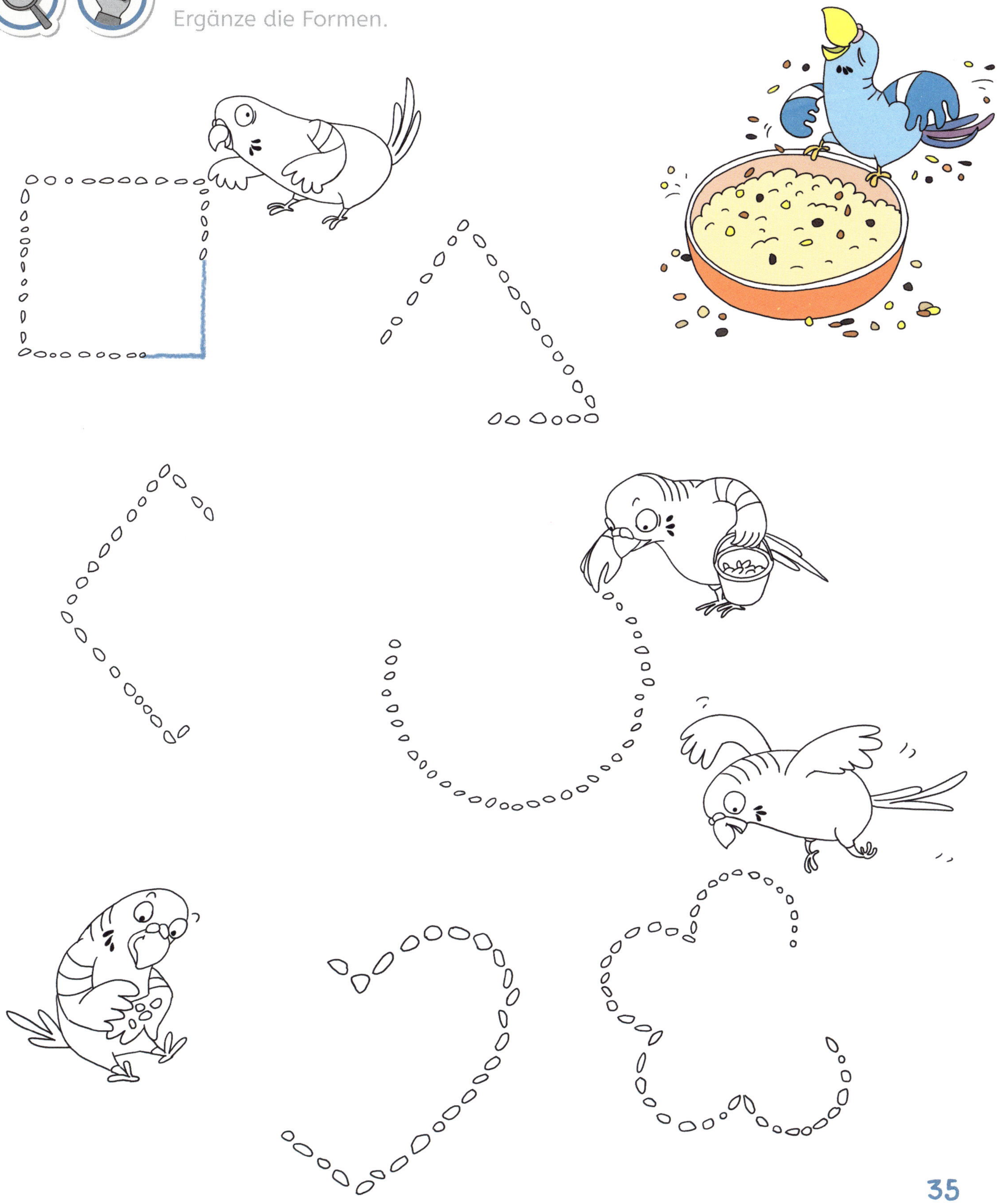

NACHSPUREN

Verfolge die Fäden.
Male die Wollknäuel in der richtigen Farbe an.

Zeichne die Fische und male sie an.

Wie viele Fische  zählst du? Kreuze an.

⚅ 6	⚃ ⚃ 8	⚅ ⚃ 10
○	○	○

GENAU HINSEHEN

Vergleiche die beiden Bilder. Findest du die **7** Unterschiede?

Welcher Fisch sieht aus wie der erste? Kreise ihn ein.

Welcher Schatten gehört zu welchem Tier? Verbinde.

GENAU HINSEHEN

Wo findest du die Bildausschnitte wieder? Kreise ein.

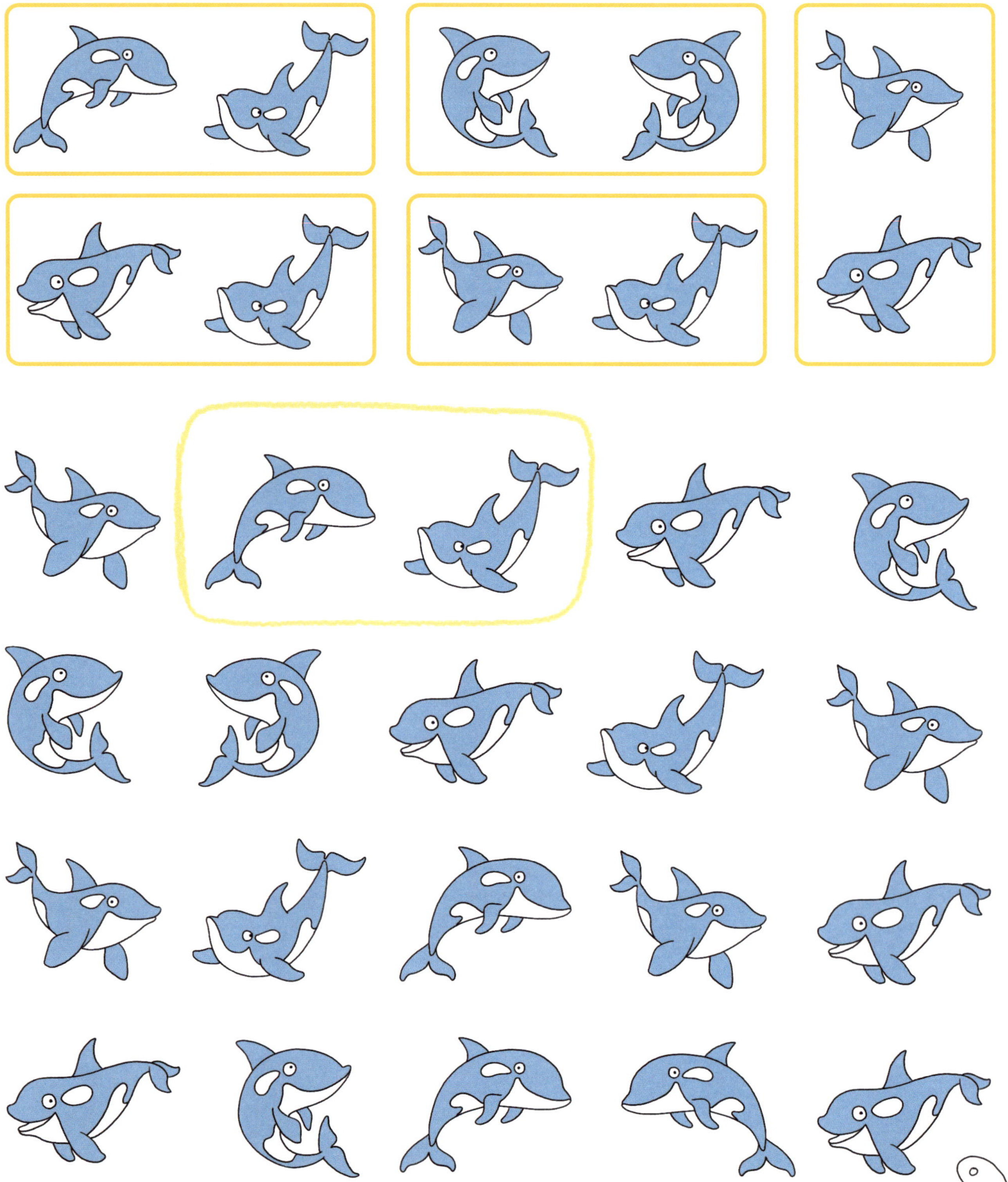

Übertrage die Farben vom linken in das rechte Feld.

Kreise in jeder Reihe die beiden Tiere ein, die gleich aussehen.

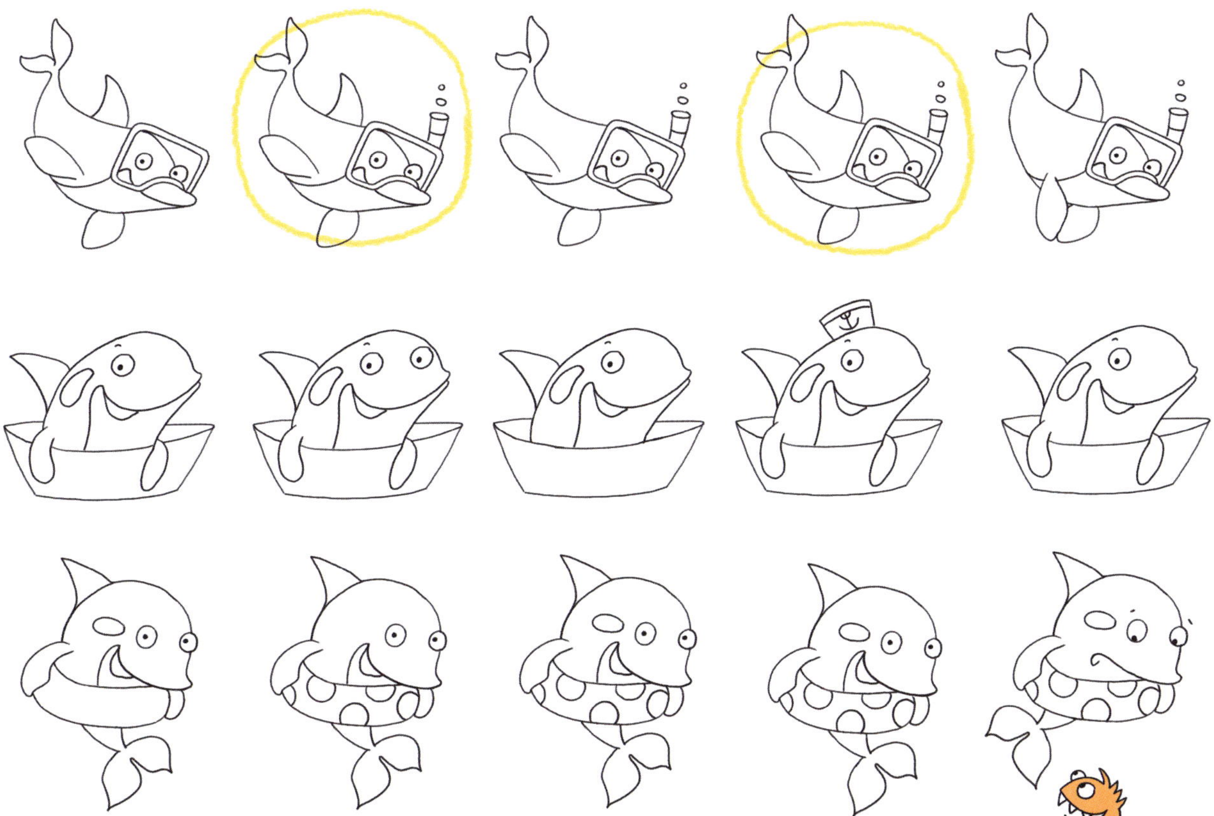

GENAU HINSEHEN

Verbinde die beiden Tiere, die die gleiche Bewegung machen.

Male die beiden Uhren, die dieselbe Uhrzeit anzeigen, gleich an.

KREATIV SEITE

Unterstützen Sie das Lernen Ihres Kindes auch motorisch! Zum einen macht es viel Spaß, zum anderen trainiert der Einsatz des ganzen Körpers beide Gehirnhälften – und eine nette Abwechslung ist es zudem.

SICH ORIENTIEREN

Markiere alle Esel, die nach links laufen, mit einem Pfeil: ←

Was fressen die Esel? Vervollständige die Bilder.

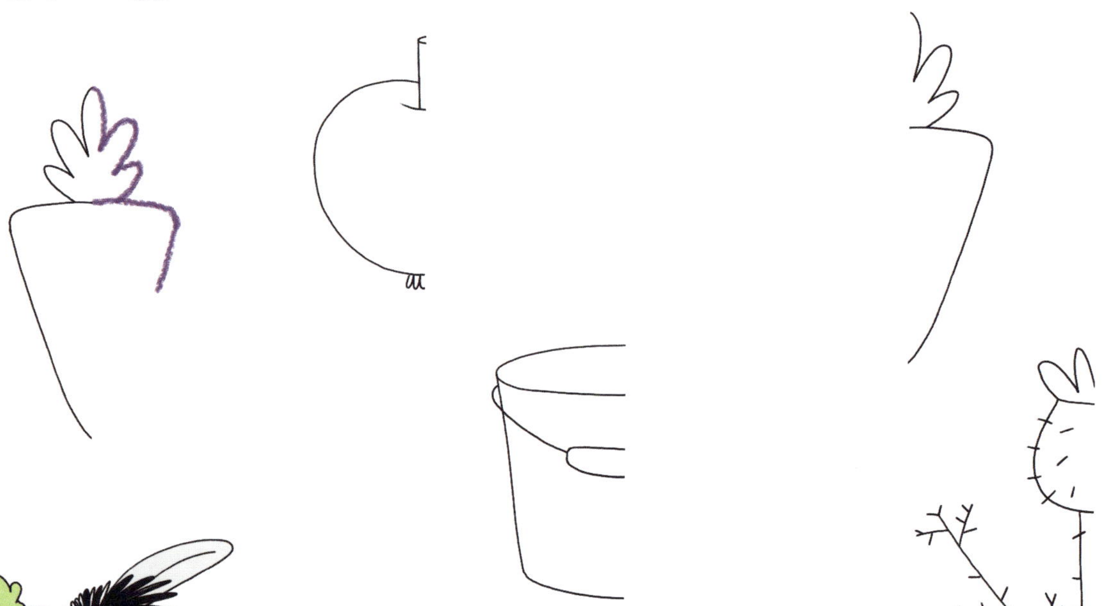

Welcher Schatten gehört zu welchem Tier? Verbinde.

Welches ist die passende Hälfte?
Male beide Hälften an.

Markiere alle Kühe, die nach rechts laufen, mit einem Pfeil: →

Wie kommt die Kuh zur Milchkanne? Zeichne den Weg ein.

SICH ORIENTIEREN

Alle nach links!
Streiche alles durch, was in die falsche Richtung zeigt.

Findest du den Fehler? Streiche ihn durch.

MENGEN BESTIMMEN

Wie viele Muscheln zählst du? Zähle mit der Strichliste.

Verbinde die Muscheln mit dem passenden Sandkuchen.
Schreibe die Zahlen.

Kreise immer **4** ein.

Wie viele Muscheln verwendet der Seehund für jede Strandburg?
Zeichne die richtige Menge.

MENGEN BESTIMMEN

Immer **3** Fische sind gleich.
Male die gleichen **3** Fische gleich an.

Das Umsetzen einer Bastelanleitung schult die Fingerfertigkeit und fördert die Wahrnehmung sowie die Konzentration.

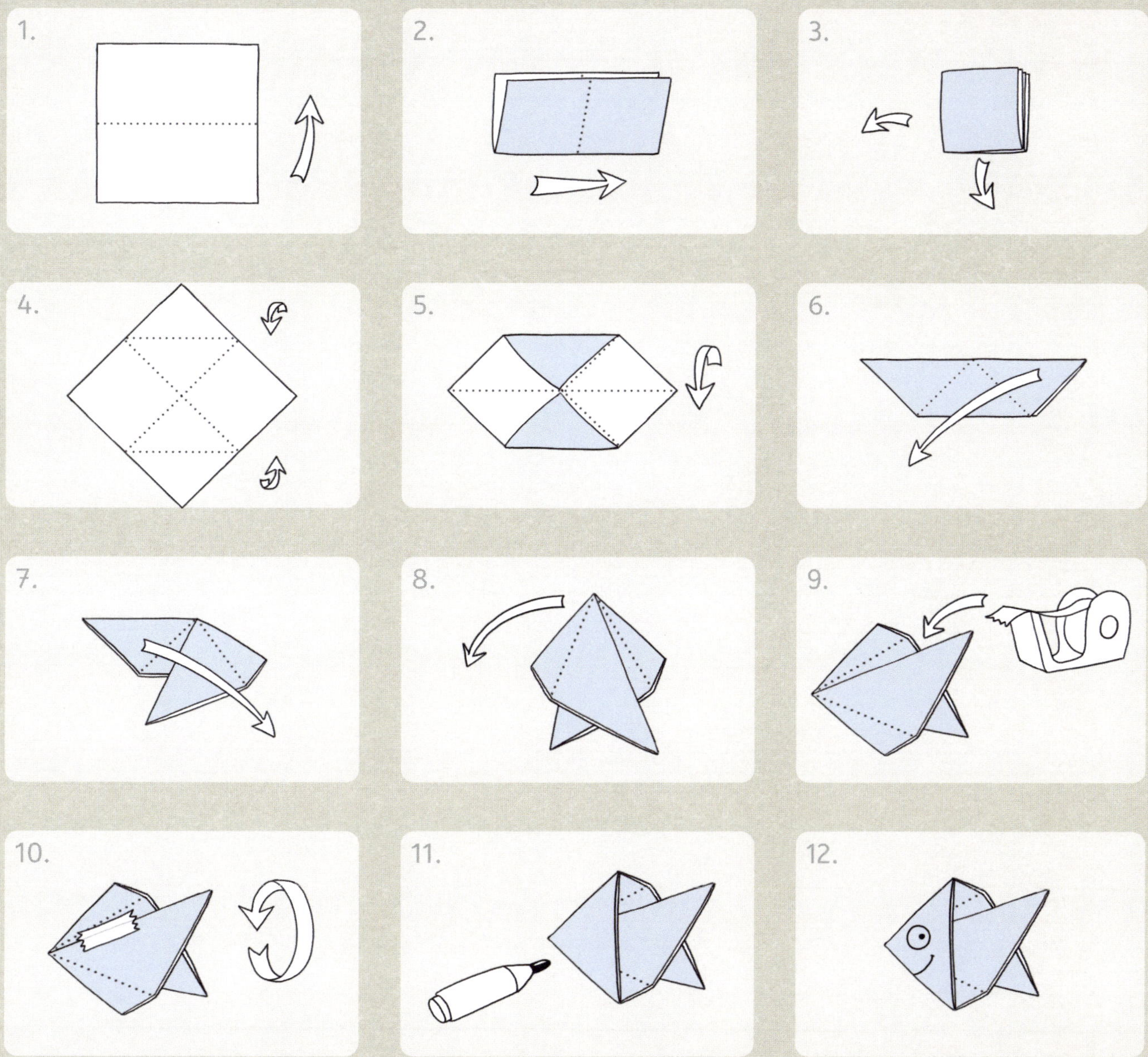

MENGEN BESTIMMEN

Wie viele Quallen zählst du? Kreise die richtige Zahl ein.

Kreise immer **5** ein.

Streiche jeweils rechts so viele Quallen weg,
dass auf beiden Seiten gleich viele Quallen sind.

ZAHLEN ERKENNEN

Male die Felder aus.

1 = 2 = 3 = 4 = 5 = 6 =

Welches Kaninchen hoppelt zu welchem Fressnapf? Verbinde.

Wo erkennst du eine **4**? Kreuze das richtige Zeichen an.

Verbinde die Zahlen von **1 – 10** in der richtigen Reihenfolge.

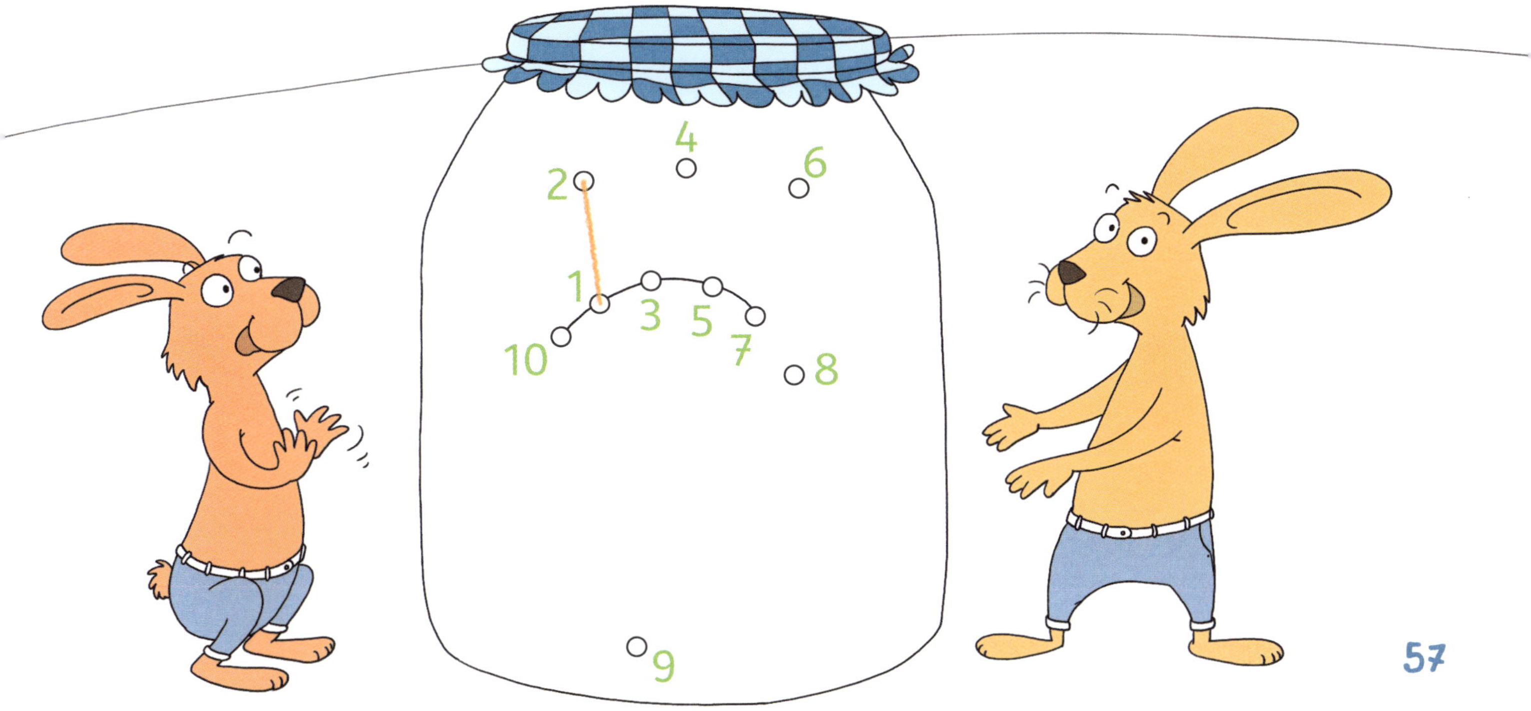

ZAHLEN ERKENNEN

Male die Felder mit einer **6** an.

Spure die Zahl nach, wenn die Anzahl dazu passt.
Streiche die Zahl durch, wenn die Anzahl nicht dazu passt.

Lies die Zahl und kreise das passende Bild ein.
Benenne die Zahl und spure sie nach.

1

2

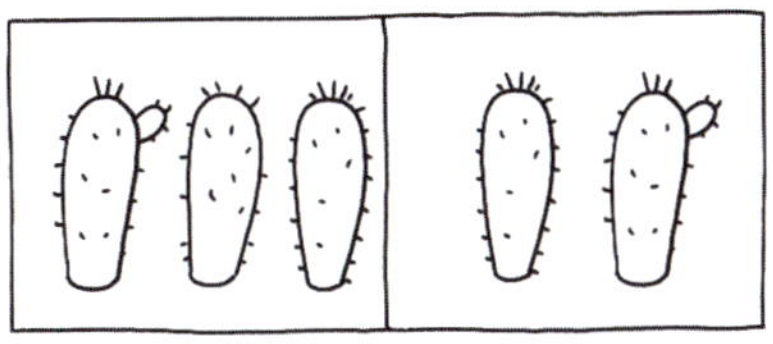

3

4

5

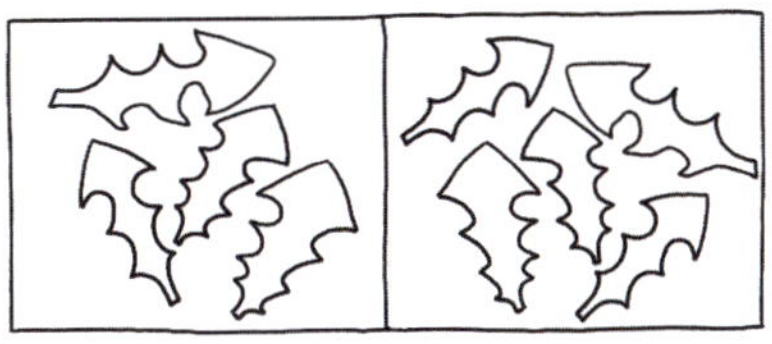

6

Streiche die Zahl durch, die nicht in die Reihe passt.

2 3 2 2 2	4 4 4 1 4
5 5 6 5 5	6 6 6 6 2
3 3 3 4 3	5 5 3 5 5
1 4 1 1 1	2 2 2 5 2

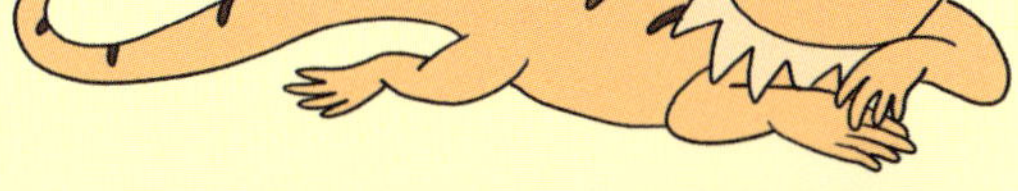

ZAHLEN ERKENNEN

Zähle die Mäuse und kreise die passende Zahl ein.

Folge der **3**: → ↓ ↑ ←

3	1	4	3	5	3
6	5	3	3	6	2
3	2	1	3	4	3
5	4	2	3	3	1
2	1	5	3	3	2
4	3	3	3	3	5
1	3	6	4	3	4
6	3	2	1	3	2
4	3	3	5	3	6
5	6	3	2	3	3
3	3	3	1	3	5
2	3	5	6	3	4

KREATIV SEITE

Würfeln macht Spaß –
und übt ganz nebenbei das Zählen.
Wem gelingt es bei diesem Partnerspiel zuerst,
jede Augenzahl einmal zu erwürfeln?

Name:					
1	2	3	4	5	6

Name:					
1	2	3	4	5	6

ZAHLEN SCHREIBEN

Spure die Zahlen nach.

Spure die **1**, **2** und **3** nach.

Schreibe **1**, **2** und **3**.

1	1	1	1	1	1	1
2	2	2	2	2	2	2
3	3	3	3	3	3	3

ZAHLEN SCHREIBEN

Spure die Zahlen nach.

Schreibe **4**, **5** und **6**.

4 4 4 4 4 4 4

5 5 5 5 5 5 5

6 6 6 6 6 6 6

Streiche die Zahlen durch, die nicht gerade geschrieben wurden.

5	5	5	5	5	5	5	5	5	5
3	3	3	3	3	3	3	3	3	3
6	6	6	6	6	6	6	6	6	6
1	1	1	1	1	1	1	1	1	1
4	4	4	4	4	4	4	4	4	4
2	2	2	2	2	2	2	2	2	2

ZAHLEN SCHREIBEN

Spure die Zahlen nach.

7, **8** oder **9**? Schreibe die richtige Zahl in das Kästchen.

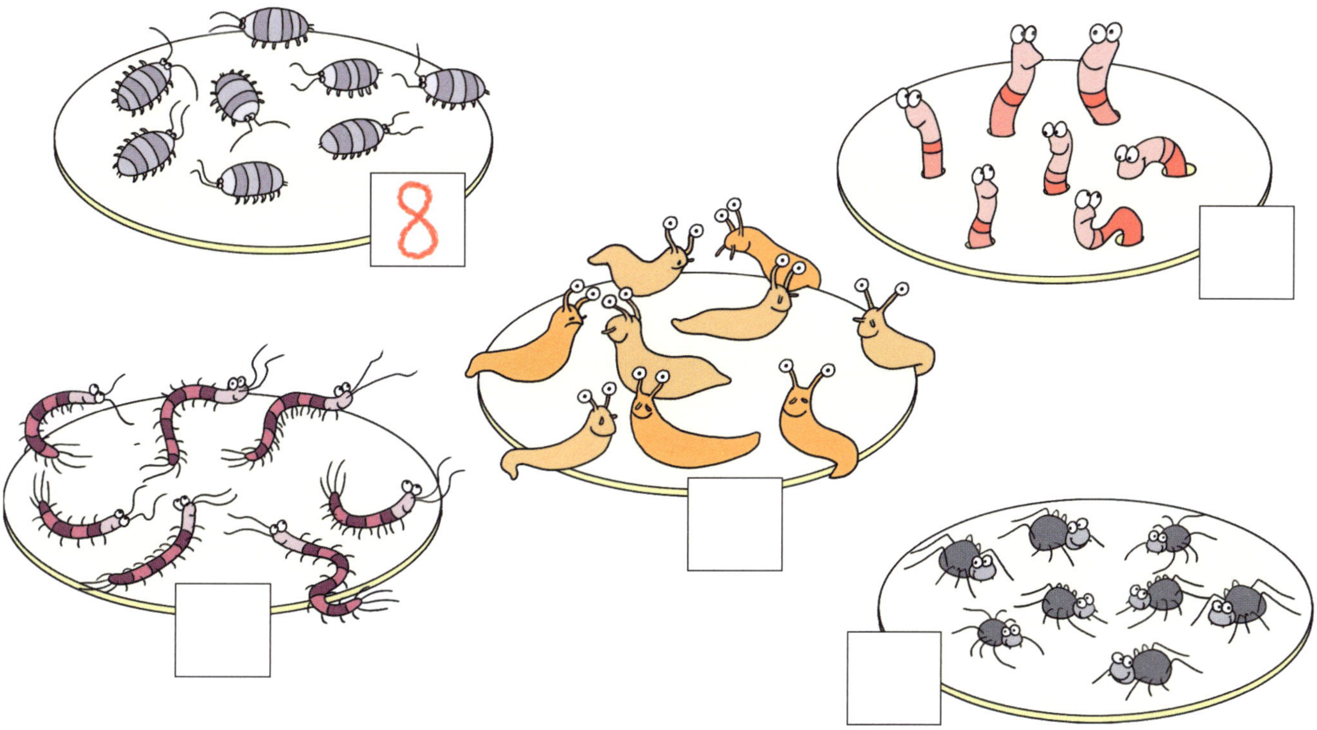

Schreibe **7**, **8**, und **9**.

ERSTES RECHNEN

Verbinde die passenden Bilder.

Passt die Zahl zur Menge?
Streiche so viele weg, bis es passt.

Welche Menge ist die größte auf jedem Teller?
Kreise sie ein.

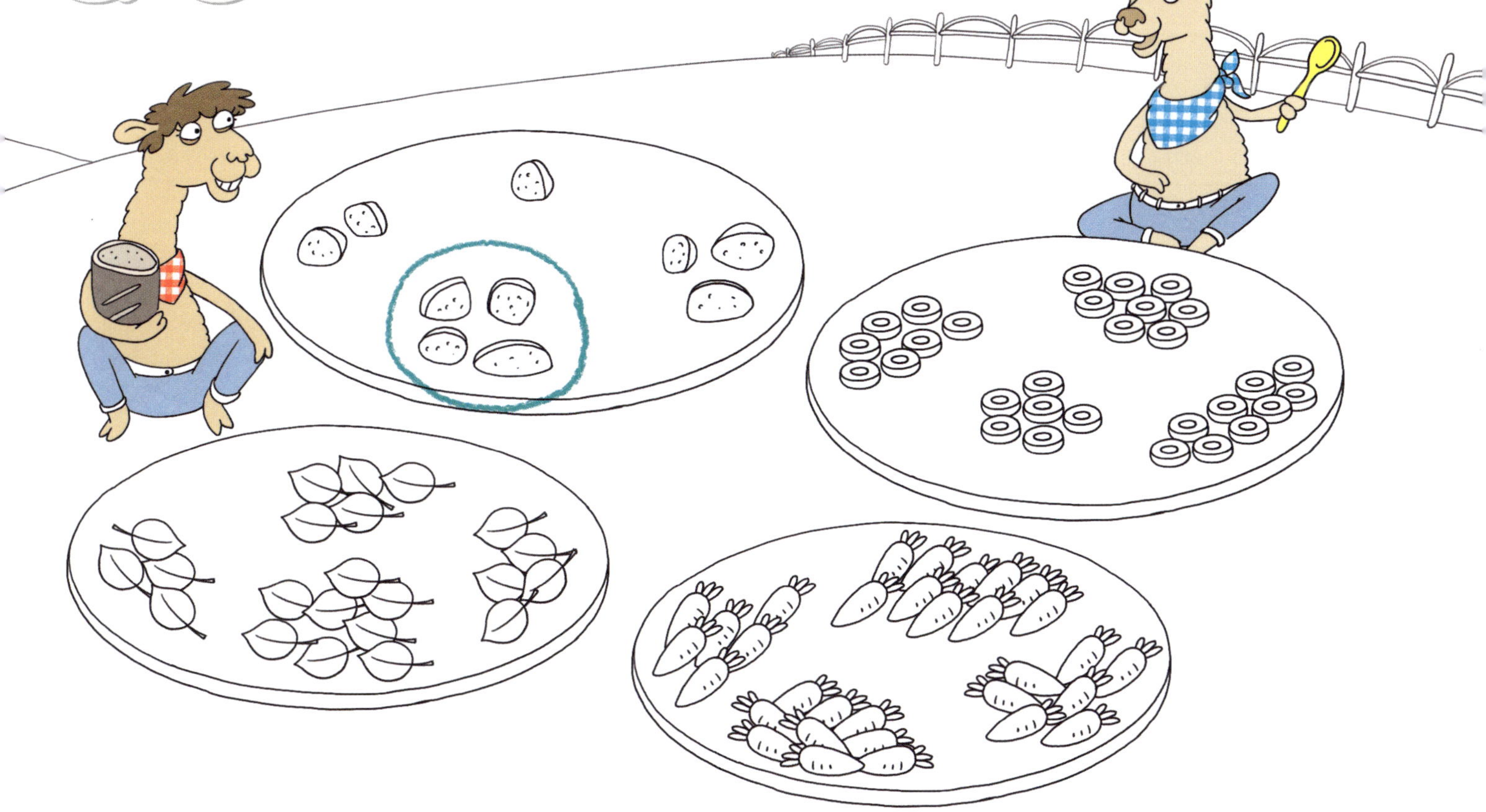

Ist die Anzahl gleich oder ungleich?
Schreibe das richtige Zeichen: = ≠

ERSTES RECHNEN

Zähle und rechne.
Schreibe die Zahlen.

2 + 1 = 3

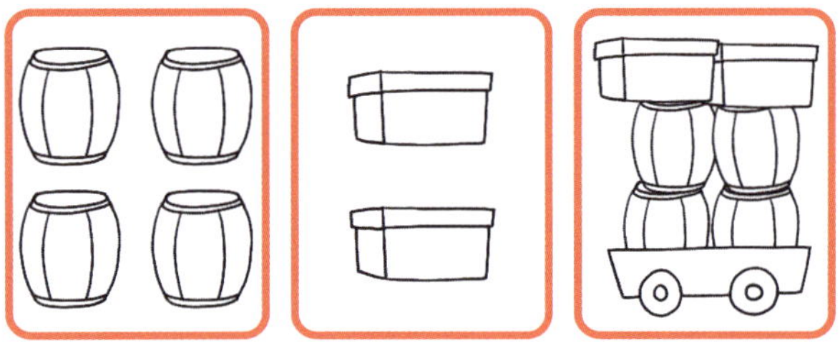

☐ + ☐ = ☐

☐ + ☐ = ☐

☐ + ☐ = ☐

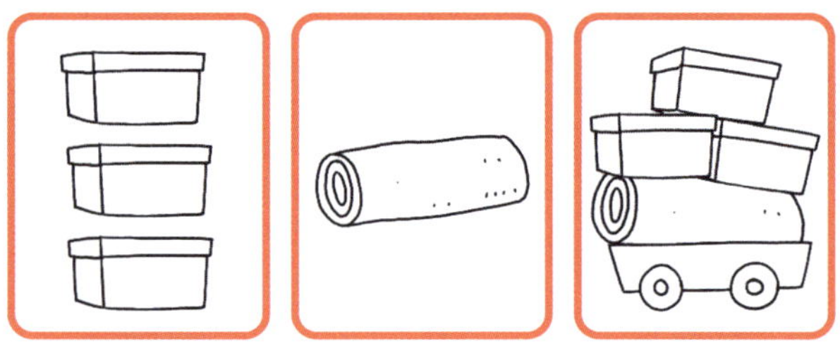

☐ + ☐ = ☐

Wie viele Heuballen trägt jeder Wasserbüffel?
Zeichne und erzähle dazu.

Wer zieht mehr?
Schreibe das richtige Zeichen: < >

Erkennst du die Formen wieder?
Spure sie in der richtigen Farbe nach.

Jede Form ist **5**-mal zu sehen.
Male jede Form in der richtigen Farbe an.

FORMEN & KÖRPER

Welche Formen haben die Hühner für ihre Figuren verwendet?
Male die passenden Formen an.

KREATIV SEITE

Formen kann man überall im Alltag entdecken (dreieckige Schilder, runde Lampen usw.), man kann sie zählen oder malen. Fordern Sie Ihr Kind doch einmal auf, Rechtecke, Dreiecke oder Kreise in der Umgebung zu finden.

FORMEN & KÖRPER

Wie geht es weiter? Setze die Reihe fort.

Wie viele Kisten einer Farbe zählst du?
Zähle und male die Kreise passend an.

Kreise die Figur ein, die genauso aussieht,
wie die erste in der Reihe.

PAARE FINDEN

Erkennst du, welches Tierkind zu welcher Tiermama gehört?
Verbinde. Tipp: Einige Mamas haben mehrere Kinder.

Welche Füße haben die Tiere? Verbinde.

Welche Tiere haben **2** Beine? Kreise sie ein.

PAARE FINDEN

Wo schlafen die Tiere? Verbinde.

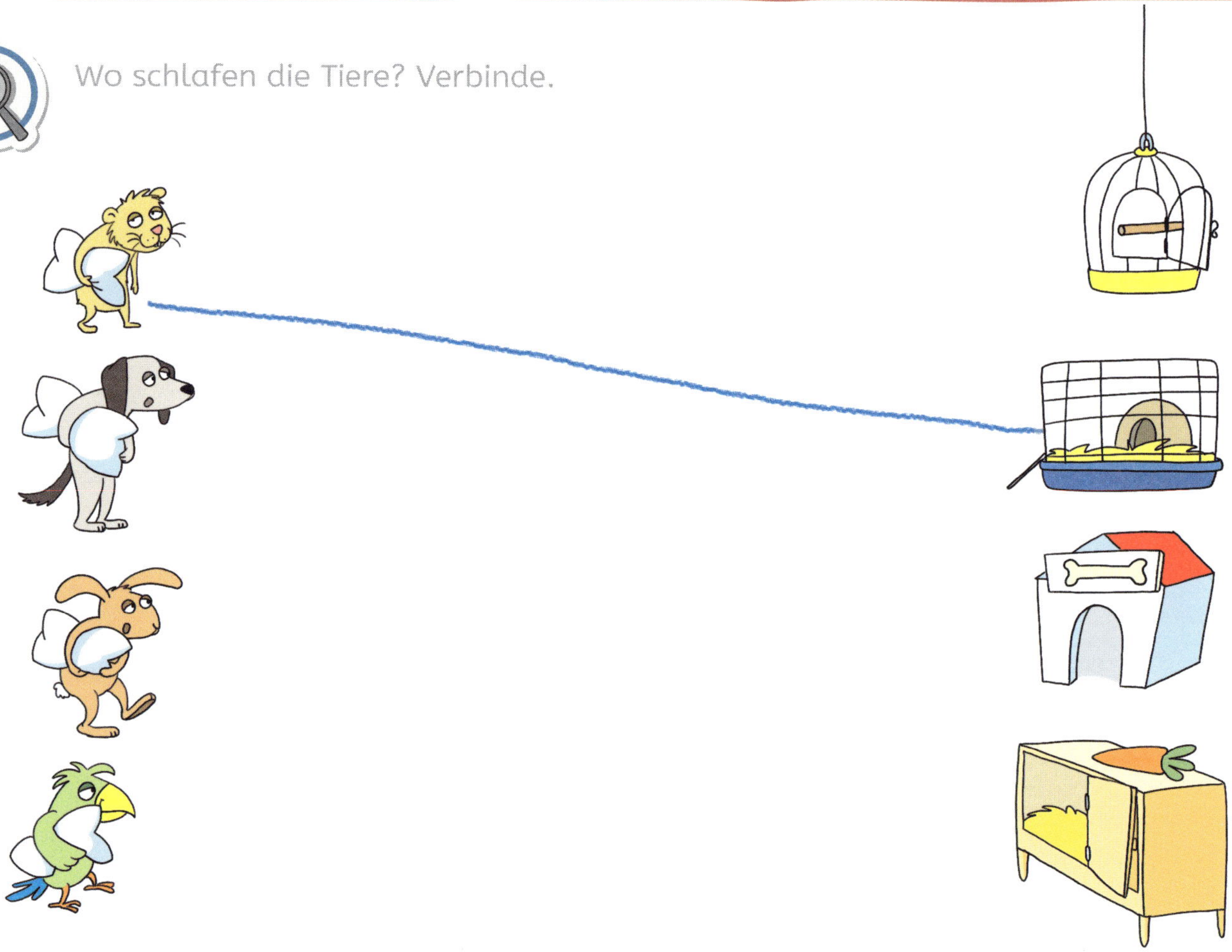

Verbinde die beiden Hundehütten, die gleich aussehen.

Wo findest du die beiden Tiere wieder? Kreise sie ein.

PAARE FINDEN

Kreise den Hund ein, der genauso aussieht, wie der erste in der Reihe.

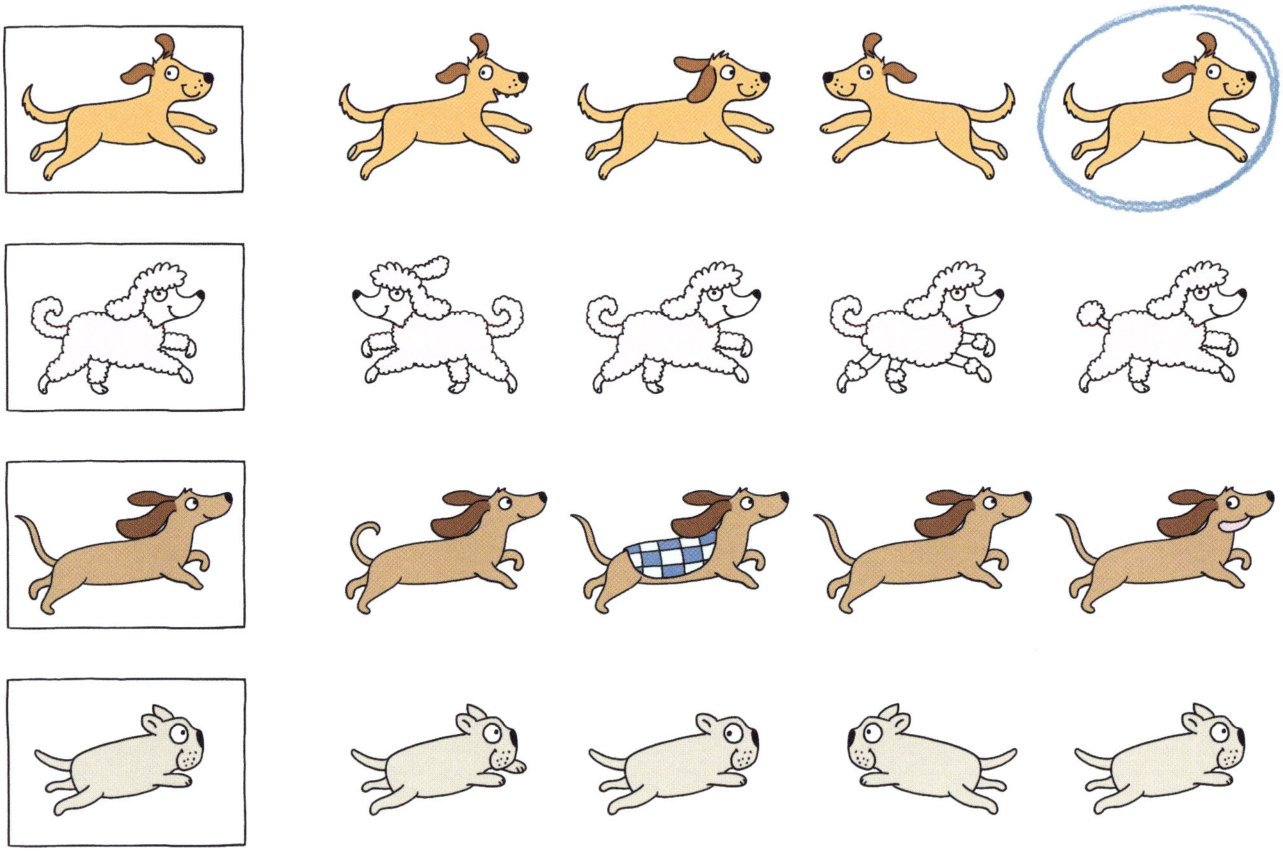

Welchem Hund gehört welcher Napf? Achte auf die Farben und verbinde.

Welche Punkte fehlen auf dem Domino?
Zeichne die fehlende Punktzahl ein.

KOMBINIEREN

Verbinde die beiden Bausteine, die zusammengehören.

Nach der Kartoffelernte soll jedes Ferkel **5** Kartoffeln bekommen.
Zeichne die fehlenden Kartoffeln.

KOMBINIEREN

Welche Farben fehlen hier? Male die Flecken richtig an.

Wie geht es weiter? Setze die Reihe fort.

Was kaufen die Kühe ein?
Verbinde die Kühe mit dem richtigen Lebensmittel.

RÄTSEL LÖSEN

Was zeigt die höchste Anzahl an?
Kreise ein.

Male in jede Reihe die fehlende Form.

Erkennst du die Reihenfolge?
Verbinde die Bilder mit den Zahlen.

RÄTSEL LÖSEN

Welche Tiere verstecken sich hier?
Kreise die Tiere ein, die zum Fantasietier gehören.

KREATIV SEITE

Tiere pantomimisch darzustellen ist gar nicht so einfach – schult aber auf jeden Fall die Logik und die Konzentration. Sprechen Sie im Vorfeld ab, ob bei der Vorstellung das Tier ein Geräusch machen darf – ohne Geräusch ist das Erraten noch schwieriger.

SCHREIBHILFEN

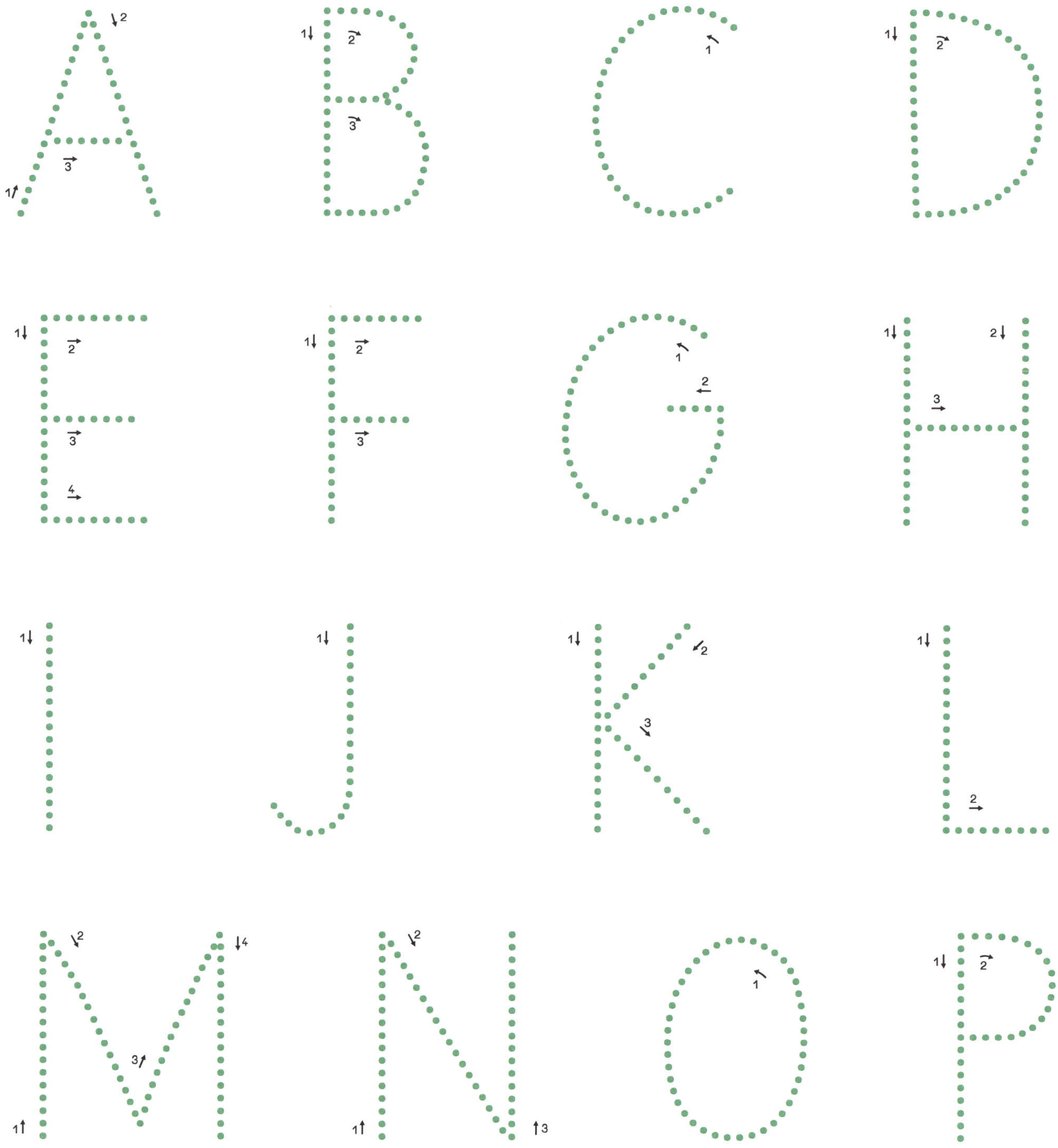

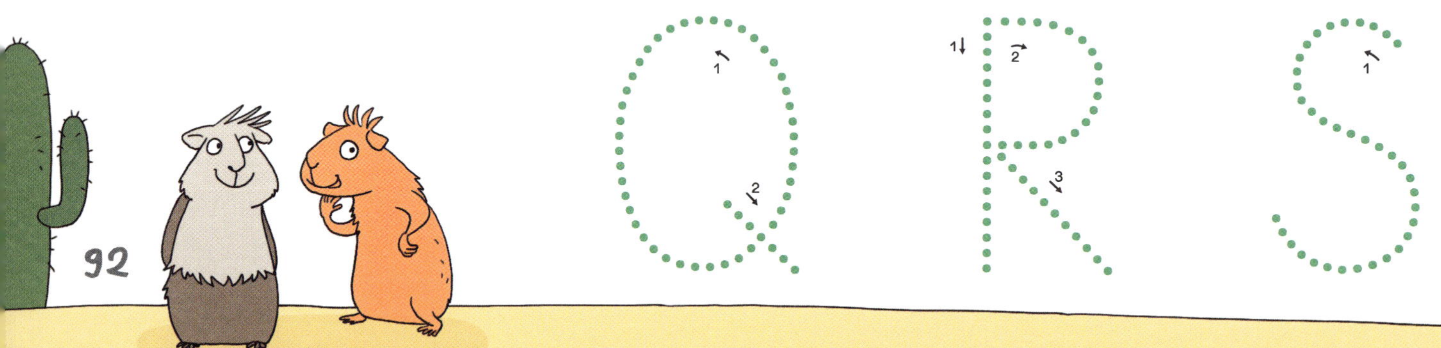

T U V

W X Y Z

1 2 3 4

5 6 7 8

9 0

LÖSUNGEN

Liebe Eltern,

als kleine Unterstützung für das Überprüfen der Aufgaben haben wir hier einzelne Lösungen aufgeführt.

Seite 8

A – 4, E – 3, I – 5, O – 2, U 1

Seite 10

Mond – Melone, Pizza – Pirat, Wolke – Wal,
Nagel – Nase, Roller – Rakete, Delfin – Dino

Seite 11

Löffel – Lampe, Ball – Banane, Hose – Hut,
Fahrrad – Flasche, Tasche – Topf, Kuchen – Käse

Fisch: **F**lasche – **F**rosch – **F**lugzeug – ~~**S**kateboard~~
Seepferdchen: **S**onne – ~~**A**uto~~ – **S**ofa – **S**ocken
Hai: **H**and – **H**ut – ~~**L**aterne~~ – **H**und
Muschel: ~~**B**aum~~ – **M**ond – **M**elone – **M**aus

Seite 12

Mikrofon, **M**elone, **M**ilch, **M**esser, **M**otorrad, **M**ond,
Maus, **M**und, (**M**aulwurf, **M**öwe)

Seite 13

Lampe, **L**olli/**L**utscher, **L**upe, **L**KW/**L**aster, **L**eiter,
Lippenstift, **L**ibelle, **L**aterne, **L**öffel, **L**öwe

Laterne – **M**elone – **L**öwe – **M**aus –
Mütze – **L**eiter – **L**olli/**L**utscher – **M**ond

Seite 14

Socken – **S**essel – **S**alat – **S**ahne – **S**äge –
Salz(streuer) – **S**ofa – **S**onne

Sonne – **S**ofa – ~~**H**ut~~
~~**L**öwe~~ – **F**isch – **F**löte
Birne – ~~**E**nte~~ – **B**ett
Löffel – **L**eiter – ~~**M**aus~~

Seite 15

Apfel – **A**nanas, **E**sel – **E**lefant, **I**gel – **I**glu,
Ohr – **O**bst, **U**hr – **U**fo

Telefon, **T**opf, **T**omate, **T**asse, **T**or, **T**iger, **T**urm, **T**isch,
Teller, (**T**inte, **T**intenfisch)

Seite 17

Falsch sind: **E**is, **E**rdbeere, **Z**itrone

Seite 19

Rutsche – **T**omate – **K**offer – **B**urg

H – Huhn, Hamster, Hund
F – Frosch, Fisch, Fuchs
K – Katze, Krokodil, Kuh
G – Giraffe, Gorilla, Gans

Seite 30

Anna – Udo – Pit

Seite 37

8 Fische

Seite 38

Seite 39

1. Reihe: 3. Fisch
2. Reihe: 2. Fisch
3. Reihe: 4. Fisch
4. Reihe: 1. Fisch

Seite 40

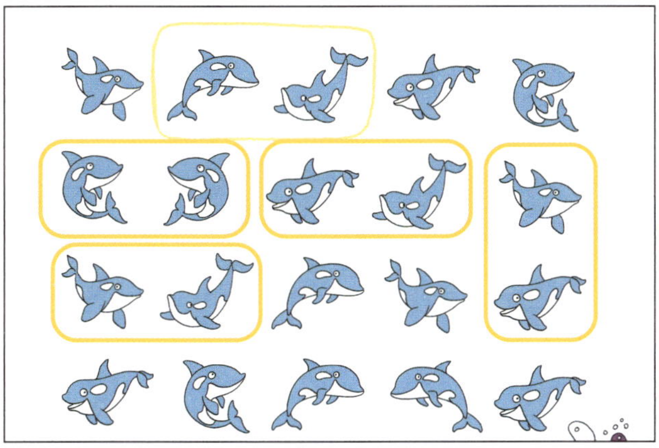

Seite 41

Die Verteilung der Punkte muss in den beiden Fenstern links und rechts im Boot identisch sein.

Reihe 1: Delfin 2 und 4
Reihe 2: Delfin 1 und Delfin 5
Reihe 3: Delfin 3 und Delfin 4

Seite 44

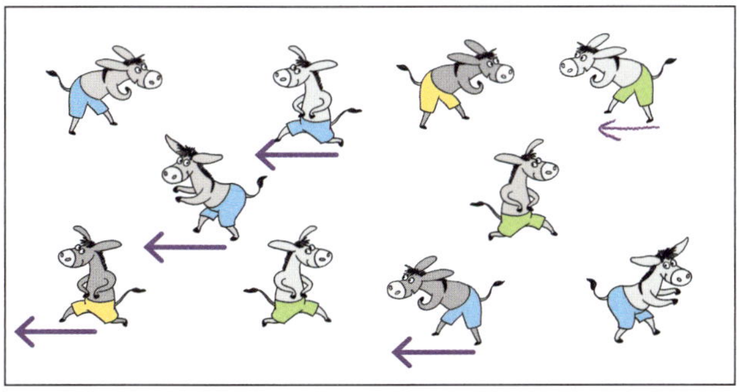

Seite 46

Reihe 1: Puzzleteil 1
Reihe 2: Puzzleteil 3
Reihe 3: Puzzleteil 3
Reihe 4: Puzzleteil 2

Seite 47

Seite 48

Seite 50

Seite 60

Der Weg führt zur Maus rechts.

Seite 70

4 + 2 = 6; 3 + 2 = 5; 1 + 4 = 5; 3 + 1 = 4

LÖSUNGEN

Seite 71

Jeder Wasserbüffel trägt 4 Strohballen.

5 > 3; 5 > 4; 5 < 9; 2 < 3

Seite 76

Reihe 2: Es folgt ein Rechteck.
Reihe 3: Es folgt ein Kreuz.
Reihe 4: In den Lücken fehlen in dieser Folge:
Rechteck, Rechteck, Kreis.

blaue Kisten – 5, braune Kisten – 6, gelbe Kisten – 5, grüne Kisten – 4, rote Kisten – 3

Seite 77

Reihe 1: Figur 3	Reihe 2: Figur 4
Reihe 3: Figur 2	Reihe 4: Figur 3
Reihe 5: Figur 4	Reihe 6: Figur 3

Seite 81

Seite 82

Reihe 2: Pudel 2; Reihe 3: Dackel 3; Reihe 4: Mops 4

Seite 85

Jedes Schwein bekommt 5 Kartoffeln.

Seite 86

rot	gelb	blau	**grün**
grün	**blau**	gelb	rot
gelb	rot	grün	blau
blau	**grün**	**rot**	gelb

Seite 87

Reihe 2: blauer Klecks; Reihe 3: blauer Klecks;
Reihe 4: blauer Klecks

Seite 89

Reihe 2: grünes Rechteck; Reihe 3: rotes Dreieck;
Reihe 4: gelbes Quadrat

Dachs guckt aus Loch – Dachs steigt aus Loch – Dachs nimmt sich das Springseil – Dachs springt mit dem Seil